CW01370786

# El Sutra del Diamante

Derechos de autor © 2024 por Autri Books

Todos los derechos reservados. Ninguna parte de esta publicación puede ser reproducida, fotocopiada, grabada u otros métodos electrónicos o mecánicos, sin el permiso previo por escrito del editor, excepto en el caso de citas breves incluidas en reseñas críticas y ciertos otros usos no comerciales permitidos por la ley de derechos de autor.

Esta edición forma parte de la "Colección de Literatura Clásica de Autri Books" e incluye traducciones, contenido editorial y elementos de diseño que son originales de esta publicación y están protegidos por la ley de derechos de autor. El texto subyacente es de dominio público y no está sujeto a derechos de autor, pero todas las adiciones y modificaciones están protegidas por derechos de autor de Autri Books.

Las publicaciones de Autri Books se pueden comprar para uso educativo, comercial o promocional.

Para obtener más información, contact:
autribooks.com | support@autribooks.com

ISBN: 979-8-3305-2385-6

Primera edición publicada por Autri Books en 2024.

Nota del Editor

Esta edición de *El Sutra del Diamante* reproduce fielmente el texto completo tal como se compuso originalmente, capturando la profunda esencia de una de las escrituras más estimadas del budismo Mahayana. Compuesta en sánscrito durante el siglo V d.C., esta obra fundamental explora la naturaleza de la realidad y la práctica transformadora del desapego. Sus enseñanzas desafían los puntos de vista convencionales e invitan a los lectores a investigar profundamente la verdadera naturaleza de la existencia, enfatizando la naturaleza ilusoria de los fenómenos y la búsqueda de la sabiduría suprema.

Estructurado como un diálogo entre el Buda y su discípulo Subhuti, *El Sutra del Diamante* enfatiza la impermanencia de todos los fenómenos y la ilusión de la individualidad inherente. Un elemento central del sutra es el concepto de vacuidad, que afirma que todas las cosas carecen de una esencia intrínseca e inmutable. Esta comprensión conduce a la práctica del desapego y al cultivo de la compasión, animando a los lectores a trascender las apariencias superficiales y a comprender la naturaleza más profunda de la realidad.

A lo largo de los siglos, *El Sutra del Diamante* ha trascendido las fronteras geográficas y lingüísticas, con numerosas versiones que han adaptado sus profundas percepciones espirituales a diversas culturas. Cada versión ha tenido como objetivo transmitir las enseñanzas del texto de una manera que resuene con su audiencia mientras preserva su sabiduría central. Cada versión es un testimonio de la perdurable relevancia y adaptabilidad del mensaje del sutra.

En esta edición, se conserva la claridad y profundidad originales de cada capítulo, proporcionando a los lectores una conexión directa con el texto antiguo. La representación fiel de las enseñanzas del sutra ofrece una experiencia auténtica de su sabiduría, lo que lo hace accesible a los lectores contemporáneos y a aquellos que buscan una comprensión más profunda de sus principios.

Cada capítulo de *El Sutra del Diamante* se basa en las enseñanzas anteriores, guiando a los lectores a través de una intrincada exploración de la sabiduría y el camino del bodhisattva. El texto invita a los lectores a trascender las percepciones convencionales, cultivar una comprensión profunda e integrar estas percepciones en sus vidas.

Que esta publicación sirva como un recurso valioso, iluminando las enseñanzas eternas de *El Sutra del Diamante* y guiando a los lectores en su propio viaje de comprensión e iluminación. Que sus intuiciones inspiren una contemplación más profunda de la naturaleza de la realidad y de la práctica de la sabiduría.

Capítulo 1:

La cuestión de la perfección de la sabiduría

Así he oído:

En una ocasión trascendental, el Señor Buda habitaba en el reino de Shravasti, residiendo en la arboleda de Jeta, un parque dentro del dominio imperial, que Jeta, el heredero aparente, había otorgado a Sutana, un noble Ministro de Estado conocido por sus actos de caridad y benevolencia.

Acompañando al Señor Buda había mil doscientos cincuenta discípulos mendicantes, todos los cuales habían alcanzado etapas avanzadas de sabiduría espiritual.

A medida que se acercaba la hora de la comida de la mañana, el Señor Buda, Honrado de los Mundos, se puso su túnica de mendicante y, llevando su cuenco de limosna, se dirigió hacia la gran ciudad de Shravasti para mendigar comida. Al entrar en la ciudad, fue de puerta en puerta, recibiendo las ofrendas gentilmente otorgadas por el pueblo. Al completar esta práctica sagrada, el Señor Buda regresó a la arboleda de Jeta y participó de la modesta comida que se le proporcionaba como limosna. Después, se quitó el manto de mendicante, dejó a un lado su venerado cuenco de limosna, se lavó los santos pies y ocupó el honorable asiento que le habían preparado sus discípulos.

Capítulo 2:

La exhortación del Buda

En esa ocasión, el venerable Subhuti ocupó su lugar en medio de la asamblea. Levantándose de su asiento, con su capa dispuesta para revelar su hombro derecho, Subhuti se arrodilló sobre su rodilla derecha y, juntando las palmas de sus manos, las levantó respetuosamente hacia el Señor Buda. Dijo: "¡Honrado de los Mundos! Tú, de sabiduría trascendente, sostienes y enseñas con gran cuidado a esta ilustre asamblea de discípulos iluminados. ¡Honrado de los Mundos! Si un buen discípulo, sea hombre o mujer, aspira a alcanzar la suprema sabiduría espiritual, ¿qué ley inmutable debe sostener la mente de tal discípulo y subyugar todo deseo excesivo?

El Señor Buda respondió a Subhuti: "¡Excelente pregunta! Como has observado, yo guío e instruyo a esta venerada asamblea de discípulos iluminados. Escucha atentamente, y expondré una Ley por la cual la mente de un buen discípulo, ya sea hombre o mujer, que busca la suprema sabiduría espiritual, será sostenida y fortalecida para vencer todos los deseos desordenados. Subhuti, encantado, indicó su aprobación. Entonces, el Señor Buda, con majestad y perfecta articulación, procedió a entregar el texto de esta Escritura, diciendo:

Capítulo 3:

El discurso sobre la práctica del desapego

El Señor Buda le habló a Subhuti, diciendo: "Con esta sabiduría, los discípulos iluminados pueden dominar todo deseo excesivo. Ya sea que la vida surja de un huevo, nazca del vientre, emerja de la generación o sufra una metamorfosis, independientemente de la forma o la conciencia, ya sea instintiva o no, busca la liberación de estas variadas condiciones de existencia a través de la comprensión trascendental del Nirvana. Por lo tanto, serás liberado de un reino infinito, incontable e ilimitado de seres sintientes. Sin embargo, en realidad, no existe tal reino desde el cual buscar la liberación. ¿Por qué? Porque en la mente de los discípulos iluminados, conceptos como entidad, ser, ser vivo o personalidad han dejado de existir".

El Señor Buda continuó: "Además, Subhuti, un discípulo iluminado, debe participar en actos de caridad espontáneamente, sin verse afectado por fenómenos sensoriales como el sonido, el olor, el gusto, el tacto o la Ley. Subhuti, es esencial que un discípulo iluminado realice actos de caridad independientes de tales fenómenos. ¿Por qué? Porque, al actuar más allá de las formas ilusorias de los fenómenos, el discípulo se dará cuenta de un mérito que es inconmensurable e inestimable.

Capítulo 4:

La perfección de la sabiduría

El Señor Buda le preguntó a Subhuti: "¿Qué piensas? ¿Es posible medir la distancia del universo ilimitado del espacio?

Subhuti respondió: "¡No, Honrado de los Mundos! No es posible medir la distancia del universo ilimitado del espacio".

El Señor Buda dijo entonces: "Del mismo modo, es imposible medir el mérito de un discípulo iluminado que realiza actos de caridad sin ser perturbado por las influencias ilusorias de los fenómenos. Subhuti, así es como se debe entrenar la mente de un discípulo iluminado".

Capítulo 5:

La naturaleza ilusoria de los fenómenos

El Señor Buda le preguntó a Subhuti: "¿Qué piensas? ¿Puede el Señor Buda ser percibido claramente a través de su cuerpo físico?"

Subhuti respondió: "¡No, Honorable de los Mundos! Es imposible percibir al Señor Buda a través de su cuerpo físico. ¿Por qué? Porque lo que se conoce como el cuerpo físico no es, en verdad, simplemente un cuerpo físico".

El Señor Buda entonces se dirigió a Subhuti: "Subhuti, todas las formas y cualidades de los fenómenos son transitorias e ilusorias. Cuando la mente percibe que los fenómenos de la vida no son verdaderos fenómenos, entonces el Señor Buda puede ser percibido verdaderamente.

Capítulo 6:

La compasión del Bodhisattva

Subhuti le preguntó al Buda: "Honrado de los Mundos, en las edades futuras, cuando se proclame esta escritura, ¿habrá seres entre los destinados a escucharla que desarrollen una fe sincera y pura?"

El Buda respondió: "¡No te preocupes por esto! Incluso cinco siglos después de mi Nirvana, habrá muchos discípulos que siguen los votos monásticos y se dedican a las buenas obras. Al escuchar esta escritura, estos discípulos abrazarán su naturaleza inmutable y cultivarán una fe pura e indivisa. Es esencial entender que tal fe no es simplemente el resultado de los pensamientos individuales de un solo Buda, sino que está enraizada en la visión colectiva de innumerables Budas a lo largo de infinitas edades. Por lo tanto, muchos seres que se encuentran con esta escritura, a través de una reflexión momentánea, desarrollarán naturalmente una fe pura y santa".

"Subhuti, el Buda, a través de su previsión, percibe plenamente a estos discípulos potenciales y sabe que recibirán un inmenso mérito. ¿Por qué? Porque sus mentes no estarán atrapadas en los conceptos arbitrarios de fenómenos como entidades, seres, seres vivos o personalidades, ni en cualidades o ideas asociadas con la Ley o separadas de ella. Si aceptaran la permanencia y la realidad de los fenómenos, sus mentes se enredarían en conceptos como entidades, seres, seres vivos y personalidades. Si asumieran la permanencia de cualidades o ideas relacionadas con la Ley, sus mentes estarían preocupadas con tales definiciones. Más aún, si postularan cualidades o ideas como si tuvieran una existencia independiente de la Ley, aún se enfrentarían a las complejidades de estos conceptos. Por lo tanto, los discípulos iluminados no deben afirmar la permanencia o realidad de cualidades o ideas ligadas a la Ley o a las que existen fuera de ella".

"De esta manera, puedes comprender el significado de la repetida instrucción del Buda a sus seguidores: 'Debes darte cuenta de que la Ley que he enseñado es como una balsa. Una vez que la balsa te ha llevado a la otra orilla (Nirvana), debes abandonarla. ¿Cuánto más deberías abandonar cualidades o ideas que existen aparte de la Ley?'"

Capítulo 7:

La práctica del desapego

El Buda le preguntó a Subhuti: "¿Qué piensas? ¿Ha alcanzado el Buda verdaderamente la suprema sabiduría espiritual? ¿O hay una doctrina o sistema específico que se pueda definir claramente?"

Subhuti respondió: "Tal como entiendo tu enseñanza, Honrado de los Mundos, el Buda no posee una doctrina o sistema que pueda ser definido explícitamente. Tampoco el Buda puede articular una forma de conocimiento que pueda describirse como sabiduría espiritual suprema. ¿Por qué? Porque lo que el Buda ha transmitido a través de las enseñanzas está más allá del alcance de la expresión convencional y trasciende la comprensión ordinaria. Es un concepto puramente espiritual que no puede limitarse a ninguna Ley específica ni asociarse con otra cosa que no sea la verdad última. Esto ilustra cómo los discípulos sabios y los santos Budas, cada uno según su propio entendimiento intuitivo, han alcanzado varios niveles de realización espiritual.

Capítulo 8:

La trascendencia de los conceptos

El Buda le preguntó a Subhuti: "¿Qué piensas? Si una persona generosa fuera a regalar una inmensa cantidad de los siete tesoros, suficiente para llenar todo el universo, ¿acumularía tal acto un mérito significativo?"

Subhuti respondió: "De hecho, Honorable de los Mundos, acumularía un mérito muy significativo. ¿Por qué? Porque lo que se está describiendo va más allá del mérito ordinario, y en este contexto, el Buda se refiere a él como un mérito 'considerable'".

El Buda dijo entonces: "Sin embargo, si un discípulo, con verdadera fe, sostuviera incluso una sola estrofa de esta Escritura y la enseñara diligentemente a otros, el mérito obtenido sería aún mayor. ¿Por qué? Porque, Subhuti, los santos Budas y la Ley a través de la cual alcanzaron la suprema sabiduría espiritual se derivan de la verdad contenida en esta Sagrada Escritura. Subhuti, lo que comúnmente se conoce como la 'Ley Budista' no constituye verdaderamente una Ley específica del Buda.

Capítulo 9:

La naturaleza de las enseñanzas del Buda

El Buda le preguntó a Subhuti: "¿Qué piensas? ¿Puede un Participante en la Corriente, que ha entrado en la corriente que conduce al NirVana, pensar para sí mismo: "He alcanzado los frutos de un Participante en la Corriente"? Subhuti respondió: "No, Honrado de los Mundos. ¿Por qué? Porque 'Stream-enterer' es simplemente un término descriptivo que indica a alguien que ha entrado en la corriente. Tal discípulo evita el apego a las formas, sonidos, olores, sabores, tactos y leyes, y por lo tanto se le llama un Participante en la Corriente.

El Buda entonces preguntó: "¿Qué piensas? ¿Puede un Ser que Regresa Una Vez, que está destinado a renacer sólo una vez más, pensar para sí mismo: "He alcanzado los frutos de un Ser Vez Returner"? Subhuti respondió: "No, Honrado de los Mundos. ¿Por qué? Porque 'El que regresa una vez' es simplemente un término que indica 'un renacimiento más', pero en realidad, no existe tal condición como 'un renacimiento más'. Por lo tanto, 'Once-returner' es simplemente un título descriptivo".

El Buda preguntó además: "¿Qué piensas? ¿Puede un que no retorna, que está libre de renacimiento, pensar para sí mismo: 'He alcanzado los frutos de un que no regresa'?" Subhuti respondió: "No, Honrado de los Mundos. ¿Por qué? Porque "el que no regresa" es simplemente un término que indica inmunidad al renacimiento, pero en realidad, no existe ninguna condición como la "inmunidad al renacimiento". Por lo tanto, 'No retornado' es simplemente una designación conveniente".

El Buda entonces preguntó: "¿Qué piensas? ¿Puede un Arhat, que ha alcanzado la completa quietud de la mente, pensar para sí mismo: 'He alcanzado la condición de un Arhat'?" Subhuti respondió: "No, Honrado de los Mundos. ¿Por qué? Porque no hay una condición real que sea sinónimo del término 'Arhat'. Honrado de los Mundos, si un Arhat pensara: "He alcanzado la condición de un Arhat", implicaría una recurrencia de conceptos tales como una entidad, un ser, un ser viviente o una personalidad. Cuando declaraste que en absoluta quietud mental, perfecta observancia de la Ley y verdadera percepción espiritual, yo era preeminente entre los discípulos, no pensé: "Soy un Arhat liberado del deseo". Si yo hubiera pensado: 'He alcanzado la condición de un Arhat', no me habrías alabado como 'Subhuti se deleita en las austeridades practicadas por el Aranyaka'. En realidad, yo estaba perfectamente quieto y libre de tales fenómenos; de ahí la descripción 'Subhuti se deleita en las austeridades practicadas por los Aranyaka'".

Capítulo 10

El poder de la sabiduría

El Buda se dirigió a Subhuti: "¿Qué piensas? Cuando fui discípulo del Buda Dipankara en una vida anterior, ¿se me comunicó alguna Ley o doctrina específica que me permitiera convertirme en un Buda? Subhuti respondió: "No, Honrado de los Mundos. En ese momento, no se les comunicó ninguna Ley o doctrina específica que los llevara a su eventual Budeidad".

El Buda entonces preguntó: "¿Puede un discípulo iluminado pensar para sí mismo: 'Voy a crear numerosos reinos budistas'?" Subhuti respondió: "No, Honrado de los Mundos. ¿Por qué? Porque cualquier creación de este tipo no sería verdaderamente reinos budistas; la idea de crear numerosos reinos budistas no es más que una figura retórica".

El Buda continuó: "Por lo tanto, los discípulos iluminados deben cultivar una mente pura y santa. No deben basarse en formas, sonidos, olores, sabores, tactos o leyes. En cambio, deben desarrollar una mente que sea independiente de cualquier condición material".

El Buda le preguntó además a Subhuti: "Si una persona tuviera un cuerpo tan grande como el Monte Sumeru, el rey de las montañas, ¿considerarías que ese cuerpo es grande?" Subhuti respondió: "Extremadamente grande, Honrado de los Mundos. Sin embargo, el Buda no se refiere a un cuerpo físico, sino a la comprensión conceptual de los cuerpos; En ese sentido, el cuerpo puede ser considerado verdaderamente grande".

Capítulo 11

La práctica del altruismo

El Buda se dirigió a Subhuti: "Si hubiera ríos Ganges tan numerosos como los granos de arena en el Ganges, ¿sería enorme el número total de granos de arena?" Subhuti respondió: "De hecho, Honorable de los Mundos, el número sería extremadamente grande. Solo los ríos Ganges serían innumerables, y los granos de arena aún más".

El Buda le dijo entonces a Subhuti: "¡Escucha bien! Si un buen discípulo, sea hombre o mujer, diera en caridad la abundancia de los siete tesoros, suficiente para llenar tantos mundos ilimitados como granos de arena hay en estos innumerables ríos, ¿sería grande el mérito de tal discípulo? Subhuti respondió: "¡Muy grande, Honrado de los Mundos!"

El Buda continuó: "Sin embargo, si un buen discípulo, ya sea hombre o mujer, sostuviera incluso una sola estrofa de este Sutra con fe genuina y lo explicara a los demás, el mérito resultante superaría con creces al anterior".

Capítulo 12

La Realidad Definitiva

El Buda continuó, dirigiéndose a Subhuti: "Dondequiera que se recite este Sutra, incluso si es una sola estrofa de cuatro líneas, ese lugar será santificado por la presencia de todo el reino de los dioses, los humanos y los seres celestiales, quienes deberían reverenciarlo colectivamente como si fuera un santuario sagrado para el Buda. ¿Qué alabanza puede expresar adecuadamente el mérito de un discípulo que practica y estudia fielmente este Sutra? Subhuti, debes entender que tal discípulo estará dotado de poderes espirituales que se alinean con el supremo, incomparable y más maravilloso Dharma. Dondequiera que se conserve este sagrado Sutra, allí está presente el Buda, junto con discípulos que merecen un gran respeto y honor".

Capítulo 13

La Práctica de la Perfección de la Sabiduría

En ese momento, Subhuti le preguntó al Buda: "Honorable de los Mundos, ¿con qué nombre debería conocerse este Sutra para que podamos mostrarle la debida reverencia?" El Buda respondió: "Subhuti, este Sutra debería ser conocido como 'El Sutra del Diamante', 'La Perfección de la Sabiduría', por medio del cual llegamos a 'La Otra Orilla'. ¡Deberías reverenciarlo por este nombre! ¿Por qué? Porque, Subhuti, lo que se llama 'perfección de la sabiduría' por la cual llegamos 'a la otra orilla' no es en esencia 'perfección de la sabiduría', sino que trasciende todos los conceptos de sabiduría.

El Buda entonces le preguntó a Subhuti: "¿Crees que he formulado un sistema preciso de doctrina o ley?" Subhuti respondió: "Honrado de los Mundos, el Buda no ha formulado un sistema preciso de doctrina o ley".

El Buda preguntó además: "¿Qué piensas, Subhuti? ¿Son numerosas las partículas de polvo en la miríada de mundos de este universo? Subhuti respondió: "Sí, Honrado de los Mundos, son extremadamente numerosos".

El Buda continuó: "Subhuti, estas 'partículas de polvo' no son fundamentalmente 'partículas de polvo'; simplemente se les denomina 'partículas de polvo'. Del mismo modo, estos "miríadas de mundos" no son verdaderamente "miríadas de mundos"; simplemente se les designa como 'miríadas de mundos'".

El Buda le preguntó a Subhuti: "¿Crees que puedo ser percibido a través de mis treinta y dos características corporales?" Subhuti respondió: "No, Honorable de los Mundos, el Buda no puede ser percibido a través de sus treinta y dos características corporales. ¿Por qué? Porque lo que se llama "treinta y dos características corporales" no son esencialmente "características corporales"; simplemente se les designa como tales".

El Buda dijo entonces: "Si un buen discípulo, ya sea hombre o mujer, sacrificara vidas tan numerosas como las arenas del Ganges todos los días, y otro discípulo se adhiriera con completa fe a una sola estrofa de este Sutra y la explicara diligentemente a los demás, el mérito intrínseco del último discípulo superaría al del primero".

Capítulo 14

La ilusión del yo

En ese momento, el venerable Subhuti, profundamente conmovido por el profundo significado del Sutra y con lágrimas en los ojos, se dirigió al Buda: "¡Oh Honorable, tu sabiduría es verdaderamente trascendente! La forma en que has expuesto este Sutra supremo supera cualquier enseñanza previa que haya encontrado, revelando una sabiduría de excelencia sin igual. ¡Oh, Honorable!, en los tiempos futuros, si los discípulos que escuchan este Sutra y mantienen una fe pura y reverente reconocen la naturaleza transitoria de todos los fenómenos, su mérito acumulado será extraordinariamente profundo. Porque la verdadera naturaleza de los fenómenos es que no son verdaderamente fenómenos; simplemente se les llama fenómenos".

"Oh Honorable, después de haber escuchado este Sutra sin paralelo, la fe, la comprensión clara y el firme compromiso de seguir sus preceptos siguen naturalmente. En épocas futuras, si los discípulos que escuchen este Sutra también creen, comprenden y observan sus enseñanzas, su mérito evocará el mayor asombro y alabanza. Esto se debe a que sus mentes habrán trascendido las nociones de entidades, seres, seres vivos o personalidades. Porque lo que se considera una entidad es esencialmente no-entidad, y las ideas de seres, seres vivos o personalidades son igualmente nebulosas e hipotéticas. Por lo tanto, a los verdaderamente iluminados se les llama Budas, habiendo descartado todos esos conceptos ilusorios.

El Buda afirmó las palabras de Subhuti: "En tiempos futuros, si los discípulos que escuchan este Sutra permanecen imperturbables por sus profundos conceptos, impávidos por sus elevados ideales y no perturbados por sus grandes aspiraciones, su mérito intrínseco también invocará inmensa maravilla y admiración".

"Subhuti, lo que se conoce como la primera Paramita (caridad) no es en realidad la primera Paramita; simplemente se le denomina la primera Paramita. Del mismo modo, la tercera Paramita (resistencia) no es en esencia una Paramita; simplemente se le denomina Paramita. ¿Por qué? Porque, en una vida pasada, cuando el Príncipe de Kalinga ('Kaliradja') estaba cortando mi carne, yo estaba libre de nociones como una entidad, un ser, un ser viviente o una personalidad. Si no hubiera estado libre de tales conceptos, habrían surgido sentimientos de ira y resentimiento".

"Subhuti, hace quinientas encarnaciones, cuando practicaba el Kshanti-Paramita, no tenía ninguna noción de entidades, seres, seres vivos o personalidades. Por lo tanto, un discípulo iluminado debe considerar todos los fenómenos como ilusorios e irreales. Al aspirar a la sabiduría espiritual suprema, la mente no debe verse afectada por las influencias sensoriales ni por ningún fenómeno relacionado con el sonido, el olfato, el gusto, el tacto o las leyes. Uno debe cultivar una completa independencia mental, ya que la dependencia de factores externos es una ilusión. Por lo tanto, el Buda declaró que al practicar la caridad, la mente de un discípulo iluminado no debe depender de ninguna forma de fenómeno. Un discípulo iluminado que desea beneficiar a todos los seres debe realizar actos de caridad con este entendimiento.

El Buda explicó además: "Al declarar la irrealidad de los fenómenos, también afirmo que todo el ámbito de la vida sensible es transitorio e ilusorio".

"Subhuti, las enseñanzas del Buda son verdaderas, confiables e inmutables. No son extravagantes ni fantasiosos. El nivel de perspicacia alcanzado por el Buda no puede describirse en términos de realidad o irrealidad.

"Subhuti, cuando se practica la caridad, si la mente de un discípulo iluminado no está libre de todas las leyes, es como alguien en completa oscuridad, incapaz de ver nada. Pero un discípulo iluminado que practica la caridad con una mente independiente de todas las leyes es como alguien a plena luz del día, que lo ve todo con claridad".

"Subhuti, en tiempos futuros, si un buen discípulo, ya sea hombre o mujer, estudia y sigue diligentemente el texto de este Sutra, el Buda, a través de su sabiduría iluminada, percibe que tal discípulo acumulará méritos inconmensurables e ilimitados".

Capítulo 15

La Práctica de la No-Dualidad

El Buda se dirigió a Subhuti, diciendo: "Supongamos que un discípulo virtuoso, ya sea hombre o mujer, ofreciera innumerables vidas, tan numerosas como las arenas del Ganges, en sacrificio desde la mañana hasta la noche y continuamente a lo largo de infinitos eones. En comparación, si otro discípulo escucha este Sutra y cree firmemente en él, el mérito de este último sería mucho mayor. Sin embargo, ¿cuánto mayor es el mérito de un discípulo que copia el texto sagrado, observa sus enseñanzas, estudia sus principios y recita el Sutra para beneficio de los demás?"

"Subhuti, el significado de este Sutra se puede resumir de la siguiente manera: su verdad no tiene límites; Su valor es incomparable; y su mérito es infinito".

"Este Sutra está destinado a aquellos que están en el camino hacia el Nirvana y para aquellos que están alcanzando los niveles más altos de comprensión búdica. Un discípulo que observa, estudia y comparte ampliamente el conocimiento de este Sutra acumulará un mérito que es inconmensurable, incomparable, ilimitado e inconcebible. Tal discípulo estará dotado de una profunda sabiduría búdica e iluminación. ¿A qué se debe esto? Porque, Subhuti, si un discípulo está apegado a una interpretación estrecha o exclusiva de la Ley, no apreciará plenamente las enseñanzas de este Sutra, ni encontrará gozo en estudiarlo, ni en explicarlo seriamente a los demás. Dondequiera que se guarde este Sutra, debe ser honrado por todos los seres en el reino espiritual. Deberían venerarla como una reliquia sagrada, rodeándola ceremoniosamente con ofrendas de flores perfumadas e incienso puro".

Capítulo 16

La Naturaleza de la Iluminación

El Buda continuó y le dijo a Subhuti: "Si un discípulo digno, ya sea hombre o mujer, se dedica al estudio y la práctica de este Sutra y, en consecuencia, es despreciado o menospreciado por los demás, es debido a una grave transgresión cometida en una vida pasada, que ahora se encuentra con una retribución inevitable. Sin embargo, a pesar de ser despreciado o subestimado en esta vida, el mérito acumulado de tal devoción expiará plenamente las malas acciones pasadas y conducirá al discípulo al logro de la sabiduría espiritual suprema.

"Además, Subhuti, hace muchos eones, incluso antes de la aparición del Buda Dipankara, recuerdo haber servido y recibido enseñanzas de innumerables Budas. Mi conducta en ese momento fue completamente intachable. Sin embargo, en tiempos futuros, si un discípulo estudia y practica diligentemente las enseñanzas de este Sutra, el mérito obtenido superará con creces el mérito que acumulé al servir a esos innumerables Budas. Tal mérito no puede ser medido ni comparado por ninguna analogía".

Además, Subhuti, en las épocas futuras, si un discípulo digno, ya sea hombre o mujer, practica y estudia este Sutra extensamente, incluso si tuviera que describir la naturaleza y el alcance del mérito obtenido, los oyentes podrían sentirse abrumados o dudar de su verdad. Subhuti, es esencial comprender que el significado de este Sutra trasciende la comprensión ordinaria y, por lo tanto, el alcance de sus recompensas está igualmente más allá de nuestra capacidad de comprender plenamente.

Capítulo 17

La práctica de la sabiduría y la compasión

En ese momento, el venerable Subhuti le preguntó al Buda: "Muy Honorable, si un discípulo digno, ya sea hombre o mujer, desea alcanzar la suprema sabiduría espiritual, ¿qué principio inmutable debería sostener su mente y subyugar todos los deseos excesivos?"

El Buda respondió: "Un discípulo digno, ya sea hombre o mujer, debe entrenar su mente de la siguiente manera: 'Debo volverme inconsciente de todos los conceptos de la vida sensible. Habiéndose vuelto inconsciente de todos los conceptos de la vida sensible, no hay nadie a quien el concepto de la vida sensible se haya vuelto ajeno. ¿Por qué? Porque, Subhuti, si un discípulo iluminado se aferra a conceptos como entidad, ser, ser viviente o personalidad, no ha alcanzado la suprema sabiduría espiritual. ¿Y por qué? Porque, Subhuti, no hay ningún principio por el cual un discípulo pueda ser definido como habiendo alcanzado la suprema sabiduría espiritual.

El Buda entonces le preguntó a Subhuti: "¿Qué piensas? Cuando yo era discípulo del Buda Dipankara, ¿se me transmitió algún principio por el cual alcancé la suprema sabiduría espiritual? Subhuti respondió: "No, el Más Honorable. Según entiendo tus enseñanzas, cuando eras discípulo del Buda Dipankara, no se te dio ningún principio por el cual alcanzaras la suprema sabiduría espiritual.

El Buda confirmó: "En verdad, no hay ningún principio por el cual alcancé la sabiduría espiritual suprema. Subhuti, si tal principio existiera, el Buda Dipankara no habría predicho en mi iniciación: "En las edades futuras, te convertirás en el Buda Sakyamuni". En realidad, no hay ningún principio por el cual se obtenga la sabiduría espiritual suprema. Por lo tanto, el Buda Dipankara predijo que yo me convertiría en el Buda Sakyamuni. ¿Por qué? Porque, en el término 'Buda', cada principio está completa y claramente abarcado".

"Si un discípulo afirma que el Buda alcanzó la suprema sabiduría espiritual, debe declararse que no hay ningún principio por el cual este estado mental pueda ser realizado. La suprema sabiduría espiritual alcanzada por el Buda no puede ser definida como real o irreal en su esencia. Por lo tanto, el Buda declaró que el término comúnmente utilizado "Ley Búdica" abarca todos los principios morales y espirituales. Subhuti, lo que ordinariamente se llama "sistemas de Derecho" no son verdaderamente "sistemas de Derecho"; simplemente se les denomina 'sistemas de Derecho'".

El Buda entonces le preguntó a Subhuti: "¿Puedes imaginar a una persona con un gran cuerpo físico?"

Subhuti respondió: "Muy Honorable, al hablar de las proporciones de un cuerpo físico, usted no afirmó ninguna grandeza real, por lo que simplemente se le denomina 'un gran cuerpo'".

El Buda continuó: "De la misma manera, si un discípulo iluminado dijera: 'Debo volverme inconsciente de todas las ideas de la vida sensible', no podría describirse como completamente iluminado. ¿Por qué? Porque no hay ningún principio por el cual un discípulo pueda ser considerado 'completamente iluminado'. Así, el Buda declaró que dentro del reino de la Ley espiritual, no hay ni entidad, ni ser, ni ser viviente, ni personalidad.

El Buda dijo además: "Si un discípulo iluminado dijera: 'Crearé muchos reinos budistas', no podría ser considerado 'completamente iluminado'. ¿Por qué? Porque, al hablar de 'crear numerosos reinos budistas', no afirmé la idea de crear reinos materiales; por lo tanto, la "creación de numerosos reinos budistas" es simplemente una figura retórica. Subhuti, un discípulo iluminado es verdaderamente considerado como 'completamente iluminado' cuya mente está completamente imbuida con la Ley de la no individualidad.

Capítulo 18

La trascendencia de la forma

El Buda le preguntó a Subhuti: "¿Qué piensas? ¿Posee el Buda el ojo físico?

Subhuti respondió: "Muy Honorable, el Buda realmente posee el ojo físico".

El Buda preguntó: "¿Qué piensas? ¿Posee el Buda el ojo divino o espiritual?"

Subhuti respondió: "Muy Honorable, el Buda verdaderamente posee el ojo divino o espiritual".

El Buda preguntó: "¿Qué piensas? ¿Posee el Buda el ojo de la sabiduría?

Subhuti respondió: "Muy Honorable, el Buda verdaderamente posee el ojo de la sabiduría".

El Buda preguntó: "¿Qué piensas? ¿Posee el Buda el ojo de la verdad?

Subhuti respondió: "Muy Honorable, el Buda verdaderamente posee el ojo de la verdad".

El Buda preguntó: "¿Qué piensas? ¿Posee el Buda el ojo búdico?

Subhuti respondió: "Muy Honorable, el Buda realmente posee el ojo búdico".

El Buda preguntó: "¿Qué piensas? En cuanto a las arenas del Ganges, ¿las declaré como granos de arena?

Subhuti respondió: "Muy Honorable, declaraste que eran granos de arena".

El Buda preguntó: "¿Qué piensas? Si hubiera tantos ríos del Ganges como granos de arena hay en el Ganges, y si hubiera tantos reinos de Buda como granos de arena hay en esos ríos, ¿serían numerosos estos reinos de Buda?

Subhuti respondió: "Muy Honorable, estos reinos de Buda serían extremadamente numerosos".

El Buda continuó: "Dentro de estos innumerables reinos, cada forma de vida sensible con sus diversos estados mentales es completamente conocida por el Buda. ¿Y por qué? Porque lo que yo llamé sus "diversos estados mentales" no son realmente "diversos estados mentales"; A ellos se les llama simplemente 'varios estados mentales'. ¿Por qué? Porque, Subhuti, los estados mentales o modos de pensamiento, ya sea que estén relacionados con el pasado, el presente o el futuro, son fundamentalmente irreales e ilusorios.

Capítulo 19

El papel del Bodhisattva en el mundo

El Buda le preguntó a Subhuti: "¿Qué piensas? Si un discípulo obtuviera todos los tesoros de este universo y los regalara como un acto de caridad, ¿acumularía así una cantidad significativa de mérito?"

Subhuti respondió: "Muy Honorable, tal discípulo ciertamente acumularía una cantidad muy considerable de mérito".

El Buda le dijo entonces a Subhuti: "Si el mérito tuviera alguna cualidad real o permanente, yo no lo describiría como 'considerable'. Es porque el mérito no tiene ninguna esencia tangible o material que me refiero al mérito acumulado por tal discípulo como 'considerable'".

Capítulo 20

La práctica del Dharma

El Buda le preguntó a Subhuti: "¿Qué piensas? ¿Puede el Buda ser percibido a través de su forma física perfecta?"

Subhuti respondió: "Muy Honorable, es poco probable que el Buda pueda ser percibido a través de su forma física perfecta. ¿Por qué? Porque lo que se conoce como una 'forma física perfecta' no es realmente una 'forma física perfecta'; simplemente se le llama una 'forma física perfecta'".

El Buda entonces le preguntó a Subhuti: "¿Qué piensas? ¿Puede el Buda ser percibido a través de algún fenómeno físico?"

Subhuti respondió: "Muy Honorable, es poco probable que el Buda pueda ser percibido a través de ningún fenómeno físico. ¿Por qué? Porque lo que se denomina "fenómenos físicos" no son realmente "fenómenos físicos"; simplemente se denominan 'fenómenos físicos'".

Capítulo 21

El Objetivo Final del Bodhisattva

El Buda se dirigió a Subhuti: "No pienses que el Buda piensa dentro de sí mismo: 'Necesito establecer un sistema de Ley o doctrina'. ¡No tengas pensamientos tan irrelevantes! ¿Por qué? Porque si alguien afirmara que el Buda estableció un sistema de Ley o doctrina, estaría tergiversando al Buda, claramente malinterpretando la esencia de mis enseñanzas. Subhuti, en lo que concierne al establecimiento de un 'sistema de Ley o doctrina', en realidad no hay tal 'sistema de Ley o doctrina' para establecer; simplemente se le llama un 'sistema de Ley o doctrina'".

En ese momento, el virtuoso y venerable Subhuti le preguntó al Buda: "Muy Honorable, en las edades futuras, ¿desarrollarán los seres sintientes que escuchen esta Ley los elementos esenciales de la fe?"

El Buda respondió: "Subhuti, no se puede afirmar que estos sean seres sintientes, ni que no sean seres sintientes. ¿Por qué? Porque, Subhuti, con respecto a los "seres sintientes", el Buda declaró que no son verdaderamente "seres sintientes"; simplemente se les denomina 'seres sintientes'".

Capítulo 22

La práctica de la vacuidad

Subhuti le preguntó al Buda: "Muy Honorable, ¿adquirió el Buda, al alcanzar la suprema sabiduría espiritual, algo de una naturaleza real o tangible?"

El Buda respondió: "Al alcanzar la sabiduría espiritual suprema, no se obtuvo nada de la Ley o doctrina, y por lo tanto se le llama 'sabiduría espiritual suprema'".

Capítulo 23

El papel de las enseñanzas del Buda

El Buda se dirigió a Subhuti: "Esta Ley es unificada e indivisible; No está ni 'arriba' ni 'abajo', y por eso se le llama 'suprema sabiduría espiritual'. Excluye conceptos como entidad, ser, ser vivo o personalidad, pero abarca todos los principios relacionados con la práctica del bien. Subhuti, lo que se conoce como "principios relacionados con la bondad" no son, de hecho, verdaderamente "principios relacionados con la bondad"; simplemente están etiquetados como tales".

# Capítulo 24

La práctica de la perfección de la sabiduría en acción

El Buda se dirigió a Subhuti: "Si dentro de este vasto universo, los siete tesoros se juntaron para formar un número de grandes montones tan numerosos como las montañas Sumeru, y estos tesoros fueron entregados enteramente como un acto de caridad, y si un discípulo seleccionara una sola estrofa de esta Escritura, adherirse estrictamente a ella, y explicarlo diligentemente a los demás, el mérito obtenido de esto superaría con creces el mérito del acto anterior hasta tal punto que no puede medirse ni compararse por ninguna analogía".

Capítulo 25

La trascendencia del entendimiento convencional

El Buda se dirigió a Subhuti: "¿Qué piensas? ¿Deberíais vosotros, como discípulos, creer que el Buda piensa para sí mismo: "Traigo la salvación a todo ser viviente"? ¡Subhuti, no entretengas pensamientos tan engañosos! ¿Por qué? Porque, en verdad, no hay seres vivos a los que el Buda pueda traer la salvación. Si existieran tales seres vivos, implicaría que el Buda acepta la realidad de conceptos como entidad, ser, ser viviente y personalidad. Subhuti, lo que se denomina una "entidad" no es realmente una entidad; Solo es percibido y creído como una entidad por personas ordinarias y no entrenadas. Subhuti, aquellos que típicamente son llamados 'gente ordinaria y sin entrenamiento' son, de hecho, no simplemente 'ordinarios y sin entrenamiento'".

Capítulo 26

La naturaleza de la mente del Buda

El Buda le preguntó a Subhuti: "¿Puede el Buda ser percibido a través de sus treinta y dos características físicas?"

Subhuti respondió: "Sí, el Buda puede ser percibido a través de sus treinta y dos características físicas".

El Buda luego continuó: "Si fuera realmente posible percibir al Buda a través de estas treinta y dos características físicas, entonces el Buda sería simplemente comparable a uno de los grandes reyes que giran la rueda".

Subhuti respondió: "Muy Honorable, de acuerdo con mi comprensión de sus enseñanzas, es poco probable que el Buda pueda ser percibido a través de sus treinta y dos características físicas".

El Buda entonces pronunció este profundo verso:

"No puedo ser percibido a través de ninguna forma visible,

Ni buscó a través de ningún sonido audible;

Los que andan por el camino de la injusticia

No puede percibir la bienaventuranza del Buda".

Capítulo 27

La práctica del desapego en la vida diaria

El Buda le dijo a Subhuti: "Si pensaras para ti mismo: 'El Buda no alcanzó la sabiduría espiritual suprema a través de su forma física perfecta', o si pensaras: 'Al alcanzar la sabiduría espiritual suprema, el Buda declaró la disolución de todas las leyes', ¡no entretengas tales pensamientos engañosos, Subhuti! ¿Y por qué? Porque aquellos discípulos que alcanzan la suprema sabiduría espiritual no pretenden la disolución de ninguna ley ni la destrucción de ninguna característica distintiva de los fenómenos.

Capítulo 28

El papel de la sabiduría en la superación de la ignorancia

El Buda se dirigió a Subhuti: "Si un discípulo iluminado, a través de la práctica de la caridad, fuera a regalar una gran cantidad de los siete tesoros, lo suficiente para llenar mundos tan numerosos como los granos de arena en el Ganges, y si otro discípulo, comprendiendo que la Ley no reconoce ninguna existencia individual inherente, sobresale en la virtud de la paciencia, Este último discípulo acumularía un mérito mayor. ¿A qué se debe esto? Porque a los discípulos iluminados no les interesan las nociones de 'recompensa o mérito'".

Subhuti entonces le preguntó al Buda: "Muy Honorable, ¿de qué manera los discípulos iluminados no se ven afectados por el concepto de 'recompensa o mérito'?"

El Buda respondió: "Los discípulos iluminados no buscan recompensas basadas en sus méritos por deseo; por lo tanto, no se ven afectados en absoluto por las consideraciones de 'recompensa o mérito'".

Capítulo 29

La práctica de la acción compasiva

El Buda se dirigió a Subhuti: "Si un discípulo afirma que el Buda llega o se va, se sienta o se acuesta, está claro que esa persona no ha captado el significado de mis enseñanzas. ¿A qué se debe esto? Porque el concepto de 'Buda' no implica venir de ningún lado ni ir a ningún lado. Por lo tanto, el término 'Buda' se usa en este contexto".

Capítulo 30

La Naturaleza de la Iluminación del Bodhisattva

El Buda se dirigió a Subhuti: "Si un discípulo virtuoso, ya sea hombre o mujer, tomara innumerables mundos y los redujera a diminutas partículas de polvo, ¿qué pensarías tú, Subhuti? ¿Se consideraría grande el total de todas esas partículas de polvo?

Subhuti respondió: "Muy Honorable, el total de todas esas partículas de polvo sería realmente extremadamente grande. ¿Por qué? Porque, si todas esas fueran genuinamente "diminutas partículas de polvo", el Buda no se habría referido a ellas como tales. ¿Por qué? Porque, al hablar de las "diminutas partículas de polvo", el Buda declaró que éstas no son verdaderamente "diminutas partículas de polvo"; simplemente están etiquetados como 'diminutas partículas de polvo'".

Subhuti entonces se dirigió al Buda: "Muy Honorable, lo que el Buda ha llamado 'mundos infinitos' no son en realidad 'mundos infinitos'; Se les llama simplemente 'mundos infinitos'. ¿Por qué? Porque si estos fueran verdaderamente 'mundos infinitos', implicaría la existencia de una unidad y eternidad de la materia. Sin embargo, el Buda ha enseñado que no hay ni "unidad" ni "eternidad de la materia"; Por lo tanto, se denomina simplemente 'unidad y eternidad de la materia'".

El Buda le dijo entonces a Subhuti: "La creencia en la unidad o eternidad de la materia es un malentendido; Sólo los individuos ordinarios, de mentalidad mundana, impulsados por puntos de vista materialistas, se sienten atraídos por esta noción".

Capítulo 31

La práctica de la perfección de la sabiduría en el mundo

El Buda se dirigió a Subhuti, diciendo: "Si un discípulo afirmara que el Buda enseña que la mente puede captar verdaderamente el concepto de una entidad, un ser, un ser viviente o una personalidad, ¿qué piensas tú, Subhuti? ¿Estaría un discípulo así entendiendo mis enseñanzas correctamente?"

Subhuti respondió: "Muy Honorable, tal discípulo no estaría entendiendo tus enseñanzas correctamente. ¿Por qué? Porque, Muy Honorable, cuando se discuten conceptos como entidad, ser, ser viviente y personalidad, se declara que estos son completamente irreales e ilusorios. Simplemente se les denomina como tales".

El Buda continuó: "Aquellos que buscan alcanzar la sabiduría espiritual suprema deben entender, creer e interpretar los fenómenos de esta manera. Deben librar sus mentes de cualquier apego a la evidencia tangible de los objetos visibles. Subhuti, con respecto a los "objetos visibles", el Buda declara que estos no son verdaderamente "objetos visibles"; simplemente se les denomina 'objetos visibles'".

Capítulo 32

La Instrucción Final

El Buda se dirigió a Subhuti: "Si un discípulo, ya sea hombre o mujer, fuera a regalar tesoros inconmensurables, incluyendo las siete joyas preciosas, como un acto de caridad, y otro discípulo, que ha buscado la sabiduría espiritual más elevada, seleccionara un versículo de cuatro líneas de esta escritura, lo observara diligentemente, lo estudiara y lo explicara a los demás, el mérito acumulado por este último sería mucho mayor que el del primero".

"¿Cómo se debe explicar a los demás? Uno no debería asumir la permanencia o la realidad de los fenómenos mundanos, sino que debería hacerlo con una mente que esté perfectamente serena y en reposo. Porque los fenómenos de la vida son como un sueño, un fantasma, una burbuja, una sombra, el rocío o un relámpago, y deben ser contemplados como tales".

Cuando el Buda terminó de enseñar esta escritura, Subhuti, junto con los monjes, monjas, seguidores laicos y todos los seres, tanto humanos como espirituales, se llenaron de gran alegría. Se comprometieron con su práctica y luego se fueron.

Resumen de Contenidos

Capítulo 1: La cuestión de la perfección de la sabiduría

La narración se desarrolla en un escenario en el que Buda se dirige a una vasta asamblea de monjes y bodhisattvas. En su intercambio con el discípulo Subhuti, surgen preguntas sobre la naturaleza de la práctica de un bodhisattva y el camino para alcanzar la perfección de la sabiduría. El Buda introduce el tema central del sutra: la sabiduría genuina implica trascender los apegos a uno mismo, a los demás y a los resultados de las acciones. Esta introducción establece el marco para una exploración profunda de estas ideas, destacando que la verdadera sabiduría no consiste en conceptos fijos, sino en percibir la vacuidad inherente de todos los fenómenos.

Capítulo 2: La exhortación del Buda

El Buda proporciona instrucciones detalladas sobre cómo un bodhisattva debe practicar la perfección de la sabiduría. Enfatiza que esta práctica debe estar libre de apego a nociones como "yo", "regalo" o "receptor". La generosidad también debe realizarse sin aferrarse a estos conceptos. Esta enseñanza refuerza la idea de que la verdadera sabiduría implica ver más allá de las distinciones convencionales y comprender la vacuidad de todos los fenómenos. Las acciones del bodhisattva deben ser guiadas por la sabiduría y la compasión, no por el beneficio personal o el reconocimiento.

Capítulo 3: El discurso sobre la práctica del desapego

La atención se centra en la aplicación práctica del desapego en la práctica del bodhisattva. El Buda explica que las acciones deben llevarse a cabo sin apego a nociones fijas de sí mismo o de los resultados. Incluso la práctica de las virtudes debe realizarse con una comprensión de la vacuidad, asegurándose de que las acciones no estén impulsadas por deseos o expectativas personales. Reconocer la naturaleza ilusoria del yo y de los fenómenos es crucial para cultivar la verdadera sabiduría y compasión.

Capítulo 4: La perfección de la sabiduría

El Buda continúa discutiendo las cualidades y prácticas esenciales para alcanzar la perfección de la sabiduría. Él instruye que las acciones de un bodhisattva deben estar libres de apego a sí mismo, a los demás o a los resultados de sus acciones. Esto refuerza el concepto de que la sabiduría implica reconocer la vacuidad de todos los fenómenos y evitar el apego a cualquier forma o concepto. La práctica de la generosidad y la virtud debe reflejar esta comprensión.

Capítulo 5: La naturaleza ilusoria de los fenómenos

El Buda explora la naturaleza ilusoria de todos los fenómenos, explicando que las apariencias son engañosas y que el apego a ellas causa sufrimiento. Las enseñanzas enfatizan que un bodhisattva debe trascender los puntos de vista convencionales y reconocer la vacuidad de todos los fenómenos. Esta comprensión ayuda a disolver los apegos y fomenta una comprensión más profunda de la naturaleza de la realidad.

Capítulo 6: La compasión del Bodhisattva

El Buda destaca el papel crucial de la compasión en el camino del bodhisattva. La verdadera compasión surge naturalmente de la comprensión de la vacuidad y se expresa a través de acciones desinteresadas que benefician a los demás. Las enseñanzas enfatizan que la compasión y la sabiduría son interdependientes, con una comprensión más profunda de la interconexión de todos los seres, mejorando la práctica de la compasión.

Capítulo 7: La práctica del desapego

Se explora más a fondo el desapego, con orientación sobre cómo el bodhisattva debe abordar varios aspectos de la vida y la práctica. Las acciones y virtudes deben realizarse sin aferrarse a nociones fijas de sí mismo o de resultados. Este enfoque ayuda a trascender las distinciones superficiales y cultiva una sabiduría más profunda.

Capítulo 8: La trascendencia de los conceptos

Se aborda la necesidad de trascender los conceptos convencionales y el pensamiento dualista. La verdadera sabiduría requiere ir más allá de las distinciones ordinarias como la existencia y la no existencia, el yo y el otro. Al superar estos marcos conceptuales, el bodhisattva puede experimentar directamente la verdadera naturaleza de la realidad.

Capítulo 9: La naturaleza de las enseñanzas del Buda

Se examina la naturaleza y el propósito de las enseñanzas. Estas enseñanzas tienen la intención de guiar a los practicantes hacia una comprensión directa de la vacuidad y la verdadera naturaleza de la realidad. Se presentan como herramientas para lograr una comprensión y realización más profundas del Dharma.

Capítulo 10: El poder de la sabiduría

Se explora el poder transformador de la sabiduría, haciendo hincapié en su capacidad para superar la ignorancia y el sufrimiento. Darse cuenta de la vacuidad aporta una profunda comprensión y liberación, lo que permite al bodhisattva actuar con sabiduría y compasión.

Capítulo 11: La práctica del altruismo

Se examina la práctica del altruismo, destacando que las acciones deben realizarse sin beneficio personal o apego. Impulsadas por una profunda comprensión de la vacuidad, las acciones desinteresadas son esenciales para alcanzar la verdadera sabiduría y compasión.

Capítulo 12: La Realidad Definitiva

Se explora el concepto de realidad última, revelando que trasciende todas las distinciones y conceptualizaciones dualistas. Experimentar la realidad como pura e incondicionada es esencial para la liberación del sufrimiento y la ignorancia.

Capítulo 13: La práctica de la perfección de la sabiduría

Se revisa la práctica de la perfección de la sabiduría, centrándose en cómo el bodhisattva debe cultivar constantemente la sabiduría a través de la comprensión de la vacuidad. Subraya que esta práctica debe permanecer firme y libre de apego a resultados específicos.

Capítulo 14: La ilusión del yo

Se examina la ilusión del yo, destacando que la creencia en un yo permanente es una fuente primaria de sufrimiento. Comprender la vacuidad del yo ayuda a disolver los apegos y fomenta una compasión y sabiduría más profundas.

Capítulo 15: La Práctica de la No-Dualidad

Se explora la práctica de la no-dualidad, con un enfoque en cómo las distinciones entre el yo y el otro, la existencia y la no existencia, son en última instancia ilusorias. Al trascender el pensamiento dualista, el bodhisattva puede experimentar la unidad fundamental de todos los fenómenos.

Capítulo 16: La naturaleza de la iluminación

La iluminación se presenta como una realización dinámica de la verdadera naturaleza de la realidad. Implica la comprensión continua y la encarnación de la sabiduría, en lugar de un estado fijo o estático.

Capítulo 17: La práctica de la sabiduría y la compasión

Este capítulo enfatiza que la sabiduría y la compasión son interdependientes en el camino del bodhisattva. La verdadera realización implica no sólo comprender la vacuidad, sino también actuar con genuina preocupación por los demás.

Capítulo 18: La trascendencia de la forma

Esta parte explora la trascendencia de la forma, destacando que todas las formas están vacías y el apego a ellas conduce al sufrimiento. Enfatiza que la comprensión de la vacuidad de la forma ayuda a superar las distinciones superficiales y a alcanzar una visión más profunda.

Capítulo 19: El papel del Bodhisattva en el mundo

Se explora el compromiso del bodhisattva con el mundo, enfatizando que las acciones deben ser impulsadas por la sabiduría y la compasión. El enfoque está en beneficiar a todos los seres, reconociendo al mismo tiempo la vacuidad de todos los fenómenos.

Capítulo 20: La práctica del Dharma

Se elabora la práctica del Dharma, destacando que se extiende más allá de las meras enseñanzas a una experiencia vivida de comprensión y encarnación de la vacuidad. Implica integrar estos principios en la vida cotidiana.

Capítulo 21: El objetivo final del Bodhisattva

Se explora el objetivo final del camino del bodhisattva, enfatizando que alcanzar la iluminación implica darse cuenta de la verdadera naturaleza de la realidad y ayudar a otros a alcanzar esta realización en beneficio de todos los seres.

Capítulo 22: La práctica de la vacuidad

Se discute la práctica de la vacuidad, enfatizando que comprender y encarnar la vacuidad es fundamental para el camino del bodhisattva. Darse cuenta de la vacuidad ayuda a superar los apegos y las ilusiones, lo que conduce a una profunda sabiduría.

Capítulo 23: El papel de las enseñanzas del Buda

Se aborda el papel de las enseñanzas del Buda en guiar a los practicantes hacia la iluminación, destacando su propósito en la profundización de la comprensión de la vacuidad y fomentando el cultivo de la sabiduría y la compasión.

Capítulo 24: La práctica de la perfección de la sabiduría en acción

Se proporciona orientación sobre la práctica de la perfección de la sabiduría en acción, enfatizando que el bodhisattva debe integrar la realización de la vacuidad en todos los aspectos de la vida, actuando con desinterés y compasión.

Capítulo 25: La trascendencia del entendimiento convencional

La exploración de trascender la comprensión convencional pone de relieve que la verdadera sabiduría requiere ir más allá de los conceptos ordinarios y del pensamiento dualista. La comprensión de la naturaleza de la realidad implica superar estas distinciones.

Capítulo 26: La naturaleza de la mente de Buda

La descripción de la mente del Buda como inherentemente pura y libre de ilusiones enfatiza que la realización de esta verdadera naturaleza conduce a la iluminación y a una comprensión más profunda de la vacuidad.

Capítulo 27: La práctica del desapego en la vida diaria

Se explora la aplicación del desapego en la vida diaria con orientación práctica sobre la integración de estos principios en las actividades cotidianas. Enfatiza que la verdadera práctica implica actuar sin aferrarse a resultados específicos.

Capítulo 28: El papel de la sabiduría en la superación de la ignorancia

Se discute el papel de la sabiduría en la superación de la ignorancia, con un enfoque en cómo disipa los engaños y conduce a la iluminación. El desarrollo de la sabiduría se destaca como esencial para trascender los malentendidos y comprender la verdadera naturaleza de la realidad.

Capítulo 29: La práctica de la acción compasiva

Se explora la acción compasiva, enfatizando que debe ser guiada por la sabiduría y la comprensión de la vacuidad. La verdadera compasión surge naturalmente de la comprensión de la interconexión y la naturaleza de la vacuidad.

Capítulo 30: La Naturaleza de la Iluminación del Bodhisattva

La naturaleza de la iluminación del bodhisattva se describe como una profunda comprensión de la realidad y una dedicación a ayudar a todos los seres a alcanzar la iluminación. Esta iluminación implica un proceso continuo de profundización y encarnación de la sabiduría.

Capítulo 31: La práctica de la perfección de la sabiduría en el mundo

Se explora la práctica de la perfección de la sabiduría en el mundo, haciendo hincapié en la integración de la vacuidad y el desapego en la vida diaria. La verdadera práctica implica aplicar la sabiduría a todos los aspectos de la vida y la acción.

Capítulo 32: La Instrucción Final

Se ofrecen reflexiones finales sobre las enseñanzas del Sutra del Diamante, reafirmando la importancia de comprender la vacuidad y practicar el desapego. Se anima a los practicantes a persistir en su camino con dedicación y sabiduría.

Milton Keynes UK
Ingram Content Group UK Ltd.
UKHW042040111124
451073UK00005B/49